Schulausgabe

Auf geht's ins Lese-Abenteuer!

Leserabe

2. Lesestufe

Julia Boehme

Pferdegeschichten

Mit Bildern von Dorothea Ackroyd

Mildenberger Verlag

Ravensburger

3 5 7 6 4

Ravensburger Leserabe

Mildenberger Verlag GmbH, Postfach 20 20, 77610 Offenburg
und Ravensburger Verlag GmbH, Postfach 24 60, 88194 Ravensburg

Umschlagbild: Dorothea Ackroyd
Konzeption Leserätsel: Dr. Birgitta Reddig-Korn

ISBN 978-3-619-14606-2
(für die Ausgabe im Mildenberger Verlag)
ISBN 978-3-473-46274-2
(für die Originalausgabe im Ravensburger Verlag)

www.mildenberger-verlag.de
ravensburger.com/service
www.leserabe.de

Inhalt

Mitten in der Nacht

Die Ponys brauchen Hilfe!
Mit einem Ruck
setzt sich Ramona im Bett auf.
Es ist noch dunkel,
mitten in der Nacht.
Das mit den Ponys
muss ein Traum gewesen sein.
Ein schlimmer Traum!
Aber eben nur ein Traum.

Ramona legt sich wieder hin.
Die Hände
unter dem Kopf verschränkt.
So liegt sie da.
Ganz still.
Und da hört sie es:
ein aufgeregtes Wiehern.
Die Ponys brauchen doch Hilfe!,
schießt es Ramona durch den Kopf.

Sie stürzt zum Fenster.
Der Mond scheint
gerade hell genug,
dass sie die Ponys sehen kann.
Dicht gedrängt stehen sie
und schauen über den Zaun.
Irgendetwas stimmt da nicht.

Ramona läuft die Treppe hinunter.
Leise öffnet sie die Tür zum Hof
und schlüpft nach draußen.
Im Nachthemd.
Nicht einmal Schuhe hat sie an.
Barfuß läuft sie den warmen
Sandweg entlang zur Weide.
Die Pferde schnauben aufgeregt.

Und dazwischen hört Ramona
ein feines, klägliches Wiehern.
Das ist Nicki!
Das schokoladenbraune Fohlen!

Ramona starrt
zu den Pferden hinüber,
doch Nicki ist nicht da.
Wo steckt er bloß?
Er wird doch nicht etwa …
Ramona läuft zum Graben,
der neben dem Weidezaun
entlangführt.

Und wirklich,
unten im Graben steht Nicki
und kann nicht hoch.
Wie ist er bloß
über den Zaun gekommen?
Egal. Ramona muss ihm helfen.

Sie rutscht in den Graben hinunter.
Zum Glück ist er jetzt im Sommer
fast ausgetrocknet.
„Hallo, Nicki“, sagt sie sanft.
Das Fohlen schaut sie
mit großen Augen an.
„Keine Angst, ich helfe dir!“
Die Frage ist nur wie?
So ein Fohlen ist schwer.

Ramona überlegt.
Und schon hat sie eine Idee.
Vorne beim Gatter
ist doch die Brücke.
Da liegen
noch ein paar alte Bretter!
„Ich bin gleich wieder da!“,
verspricht Ramona dem Fohlen.

Stöhnend hievt sie
ein großes, langes Brett
in den Graben.
So, dass ein Ende
auf der Brücke liegt,
das andere im Graben.
Ein Steg für Nicki.
So müsste es klappen.

Ramona rutscht wieder
in den Graben.
„Komm mit, Nicki“, sagt sie.
Brav trottet Nicki ihr hinterher,
bis sie den Steg erreichen.
„Los, hier hoch!“, ruft Ramona.
Das Brett wackelt ein wenig.
Ängstlich bleibt Nicki stehen.

Da gibt Ramona dem Fohlen
einen kleinen Klaps auf den Po.
Mit zwei Sätzen ist es oben.

Ramona klettert schnell hinterher.
„Bleib schön hier!“, sagt sie,
während sie das Gatter öffnet.
Nicki hat keine Lust
auf neue Abenteuer.
Brav lässt er sich
auf die Weide führen.
Seine Pony-Mama schleckt
ihm das Schokoladen-Fell.
Und auch Ramona bekommt
ein feuchtes Küsschen von ihr.

Hab ich das
etwa alles nur geträumt?,
fragt sich Ramona,
als sie am nächsten Morgen
aufwacht.
Aber bekommt man denn
von einem Traum
auch so schwarze Füße?
Wohl kaum!

Ferien zu Hause

„Fahren wir denn gar nicht weg?“
Mama schüttelt den Kopf.
„Das können wir uns nicht leisten.
Wir sind doch erst umgezogen.“
„Die ganzen Ferien nicht?“,
fragt Sophie erschrocken.
„Dafür haben wir jetzt ein Haus
mit einem wunderschönen Garten“,
sagt Mama und lächelt fröhlich.

Sophie seufzt.
Mama versteht rein gar nichts.
Alle ihre Freunde
sind weggefahren.
Und sie sitzt hier alleine rum.
Was sind denn das für Ferien?
Richtig saublöde Ferien!

Im Garten
ist es Sophie zu langweilig.
Sie holt sich ihr Rad
aus dem Schuppen
und fährt ein bisschen herum.
Sie wohnen jetzt
am Rand der Stadt.
Hier gibt es nicht viel zu sehen.
Nur Häuser ganz so
wie das Haus von Sophies Eltern.

Schließlich entdeckt Sophie
einen Spielplatz.
Doch da ist niemand zum Spielen.
Nur ein paar Babys
mit ihren Mamas.
Hinter dem Spielplatz
ist die Stadt zu Ende.
Da gibt es nur noch Felder
und Weiden.

Sophie radelt
einen Feldweg entlang.
Vielleicht sind dort wenigstens
ein paar Kühe oder so was.

Doch Sophie findet
etwas viel Besseres:
eine Weide mit zwei Ponys!
Sophie füttert sie
mit Grasbüscheln.

Eins ist braun gescheckt.
Das andere pechschwarz
mit einer langen, zotteligen Mähne.
Auf der Stirn hat es
einen kleinen weißen Stern.
„Bist du süß!“, flüstert sie
und streichelt seine weiche Nase.

„Sternchen ist wirklich süß!“
Verblüfft dreht Sophie sich um.
Hinter ihr steht ein Mädchen
mit dunklen Locken und lacht.
„Ich bin Ronja“, sagt es.
„Und mir gehören die Pferde!“
„Hast du aber Glück“,
murmelt Sophie.
„Schon, aber alleine
ist es meistens nicht so toll.“

Ronja reibt sich
nachdenklich die Nase.
„Willst du mit auf den Hof kommen
und Sternchen striegeln?"
Wie gerne würde Sophie
mitkommen!
Doch da gibt es ein Problem.
„Ich habe noch nie
ein Pony gestriegelt", gibt sie zu.

„Macht doch nichts!“, lacht Ronja.
„Das zeige ich dir schon.“
„Ehrlich?“
Sophies Augen leuchten.
Vielleicht ist es ja doch ganz gut,
dass sie umgezogen sind.
Ronja strahlt.
„Klar, und wenn es dir Spaß macht,
kommst du öfter, ja?!“

Möhren sind echt gut!

Iiih, Möhren!
Möhren schmecken furchtbar.
Das findet zumindest Lars.
Rasmus ist anderer Meinung.
Und deswegen will Lars
jetzt plötzlich immer
eine Karotte mit zur Schule haben.
Mama freut sich.
Sie denkt natürlich,
dass Lars die Möhre isst.
Doch die Karotte ist nicht für Lars.

Mama weiß nicht,
dass Lars einen Umweg macht,
wenn er zur Schule geht.
Jeden Morgen läuft Lars nämlich
an der großen Weide vorbei.
Und dort steht Rasmus
und wartet schon auf ihn.
Er hat rotbraunes Fell,
fast karottenfarben.
Vielleicht kommt das ja
von den Möhren?, denkt Lars.

Ein Möhrenstückchen
nach dem anderen
legt er auf die flache Hand.
Rasmus kaut genüsslich
und lässt sich von Lars streicheln.
Dann läuft Lars zur Schule.
Schnell, damit er nicht
zu spät kommt.

Als Lars heute zur Weide kommt,
traut er seinen Augen kaum.
Das Gatter steht weit offen.
Und Rasmus ist nicht
wie sonst auf der Weide,
sondern trottet die Straße entlang.

Lars wird blass.
Wenn jetzt ein Auto kommt!,
denkt er aufgeregt.
Er muss Rasmus
schnell von der Straße locken.
Und Lars weiß schon womit:
mit seiner Karotte natürlich.
„Hallo, Rasmus!“, ruft er
und wedelt mit der Möhre.
Rasmus hebt den Kopf.
Er frisst gerade
die leckeren Blumen
auf dem Grünstreifen.
Aber zum Glück hat er
trotzdem Appetit
auf Möhren.
Er läuft zu Lars hinüber.

Lars reicht ihm ein Stückchen
nach dem anderen.
Und nach jedem Happen
geht er ein paar Schritte rückwärts.
Bis er mit Rasmus
mitten auf der Weide steht.
„Bleib schön hier!“
Lars streichelt Rasmus.
Dann läuft er
blitzschnell zum Gatter
und macht es zu.

Rasmus sieht ein bisschen
enttäuscht aus.
„Sei mir nicht böse,
aber hier ist es sicherer für dich!“,
sagt Lars.
„Und morgen bringe ich dir auch
zwei Möhren mit“, verspricht er.
Das scheint
Rasmus zu gefallen.
Fröhlich schlägt er
mit dem Schweif.

Und Mama freut sich auch.
„Du willst heute zwei?“, fragt sie
am nächsten Morgen zufrieden.
„Tja, Möhren sind doch was Gutes,
nicht wahr?“
„Stimmt!“ Lars grinst.
Solange er sie nicht
selber essen muss!

Das liebste Pferd der Welt

„Na, das sieht doch
schick aus“,
sagt der Arzt und lächelt.
Amelie findet das gar nicht.
Ihr linker Arm steckt in einem
harten, blauen Plastikverband.
Er ist gebrochen.
Nur weil sie auf dem doofen
Spielzeugauto ausgerutscht ist.
So etwas Blödes!
Das Schlimmste ist aber,
dass sie jetzt nicht reiten kann.
Trotzdem geht sie
am Mittwoch
zur Reitstunde.

„Noch eine Patientin“, sagt Petra,
die Reitlehrerin.
„Saphir ist auch krank.
Er freut sich bestimmt,
wenn du ihn im Stall besuchst.“
Ausgerechnet Saphir!
Amelie seufzt.
Obwohl sie Pferde über alles liebt:
Saphir kann sie nicht leiden.
Immer wenn sie auf ihm reitet,
versucht er sie abzuwerfen.
Und nicht nur sie.
Saphir hasst es,
geritten zu werden.

Petra bringt sie in den Stall.
„Hallo, Saphir! Du hast Besuch!"
Amelie gibt sich einen Ruck.
„Hallo", sagt sie freundlich.
Doch als sie ihn streicheln will,
schnappt er nach ihrer Hand.

„Du Mistvieh!", schimpft Amelie.
„Ist ja gut!"
Petra tätschelt das Pferd.
„Er hat es früher nicht gut gehabt
und braucht viel Liebe",
erklärt sie Amelie.

„Striegel ihn doch mal.
So werdet ihr sicher schnell
Freunde!“
Freunde? Amelie möchte sich nicht
mit Saphir anfreunden.
Sie möchte gehen.
Aber dann holt sie
doch das Putzzeug
und bürstet sein Fell.
Saphir blickt kaum hoch.
Aber er schnappt wenigstens
nicht mehr nach ihr.

„Mit einer Hand ist das alles
gar nicht so einfach“, sagt Amelie.
Und dann erzählt sie, wie sie sich
den Arm gebrochen hat.
Saphir spitzt die Ohren.
Er scheint tatsächlich zuzuhören.
Als Amelie geht,
reibt er seinen Kopf an ihrem Pulli.
Nur ganz kurz.

„Kannst du morgen
wiederkommen?“,
fragt Petra.
Amelie kommt.
Auch die nächsten Tage.
Saphir freut sich. Jedes Mal mehr.
Und Amelie auch.
Sie kommt, bis Saphir gesund ist.
Da ist auch ihr Verband längst ab.
In seiner ersten Reitstunde
bockt Saphir wie immer.
Keiner soll ihn reiten!
Keiner, bis auf Amelie.
Als sie aufsteigt,
ist er auf einmal brav.
Ab jetzt reitet Amelie
nur noch auf Saphir.

„Er ist das liebste Pferd der Welt“,
behauptet sie jetzt.
„Zumindest bei mir!“

Leserabe

Leserätsel

Rätsel 1

In jedem Satz fehlt ein Wort. Wenn du dir nicht sicher bist, lies auf den Seiten noch mal nach!

Das Fohlen schaut sie mit großen ☐☐☐☐☐ an. (Seite 12)

Hinter dem ☐☐☐☐☐☐☐☐☐☐ ist die Stadt zu Ende. (Seite 21)

Saphir spitzt die ☐☐☐☐☐. (Seite 39)

Rätsel 2

Füge die Wörter aus den Geschichten wieder richtig zusammen! Schreibe die Wörter auf ein Blatt.

schnau- Gat- Fe- -ny -ter -ben Po- -rien

Rätsel 3

1. Wo findet Ramona das Fohlen Nicki?

2. Was isst Lars überhaupt nicht gern?

3. Wie heißt Amelies Reitlehrerin?

Lösungen
Rätsel 1: Augen, Spielplatz, Ohren, **Rätsel 2:** schnauben, Gatter, Ferien, Pony,
Rätsel 3: Graben, Karotten, Petra

Leserabe

Rabenpost

Rätsel 4

Rätsel für die Rabenpost

Fülle die Lücken aus. Trage die Buchstaben in die richtigen Kästchen ein. So findest du das Lösungswort für die Rabenpost heraus!

1. Wie rettet Ramona das Fohlen Nicki? (Seite 14)

V: Ramona ist stark und trägt Nicki aus dem Graben.
S: Sie baut mit einem Brett einen Steg.

2. Wo lernt Sophie Ronja kennen? (Seite 24)

T: Sie trifft Ronja bei der Weide mit den beiden Ponys.
U: Sie lernt Ronja auf dem Spielplatz kennen.

3. Wie schafft es Lars, Rasmus zurück auf die Weide zu bringen? (Seite 31/32)

N: Er ruft laut Rasmus' Namen und das Pony gehorcht aufs Wort.
L: Er gibt ihm Möhrenstücke und lockt ihn damit auf die Weide.

Lösungswort

1	A	2	T	E	3

Hast du das Lösungswort herausgefunden?
Dann kannst du jetzt tolle Preise gewinnen.

Gib das Lösungswort auf der Leserabe-Website
www.leserabe.de ein oder schick es mit der Post
an folgende Adresse:

An den Leseraben
Rabenpost
Postfach 2007
88190 Ravensburg
Deutschland

* Wir verwenden die Daten der Einsender nur für das Gewinnspiel und nicht für weitere Zwecke.
Alle weiteren Informationen zum Datenschutz und über unser Gewinnspiel findet ihr unter **www.leserabe.de.**

Leichter lesen lernen mit der
Silbenmethode

Durch die Kennzeichnung der einzelnen Silben in Rot und Blau lernen Kinder leichter lesen. Das gelingt so:

- Die einzelnen Wörter werden in Buchstabengruppen aufgeteilt. Diese kleinen Gruppen sind leichter zu erfassen als das ganze Wort.
- Die Buchstabengruppen sind ganz besondere Einheiten: Sie zeigen die **Sprech-Silben** an, den Schlüssel, um ein Wort richtig lesen und verstehen zu können.

Zum Beispiel können bei dem Wort „Giraffe“ auch die ersten drei Buchstaben „Gir“ als Gruppe gelesen werden: Gir - af - fe. Das könnte dann der Name einer besonderen Affenart sein.

Mit den farbigen Silben dagegen werden sofort die richtigen Buchstabengruppen erkannt: **Giraffe**. Beim Lesen ergibt sich automatisch der richtige Sinn: Es ist das Tier mit dem langen Hals gemeint.

Dadurch lesen alle Leseanfänger leichter und besser – und auch die nicht so starken Leser können schneller Erfolge erzielen.

Die farbigen Silben helfen aber nicht nur beim Lesen, sondern auch bei der **Rechtschreibung**. Der Leseanfänger nimmt von Anfang an die Silbengliederung der Wörter wahr – und kann so die richtige Schreibweise ableiten.

Die original Mildenberger Silbenmethode wird seit über einem Jahrzehnt an vielen Grundschulen unterrichtet und führt bei Kindern nachweislich zu schnellerem Leseerfolg.

Weitere Informationen zur Silbenmethode auf:
www.silbenmethode.de

Super, geschafft!